OMBRE DE SOIE

Lydia MONTIGNY

OMBRE DE SOIE

ou les lueurs de la poésie en soi...

© 2020 Lydia MONTIGNY

Éditeur : BoD-Books on Demand
12-14 rond-point des Champs-Élysées, 75008 Paris
Impression : Books on Demand, Norderstedt, Allemagne

ISBN : 978-2-3222-0854-8
Dépôt légal : Mars 2020

Livres précédents (BoD)

* Dans le Vent (VII 2017)
* Ecrits en Amont (VIII 2017)
* Jeux de Mots (VIII 2017)
* Etoile de la Passion (VIII 2017)
* As de Cœur (XI 2017)
* Pensées Eparses et Parsemées (XI 2017)
* Le Sablier d'Or (XI 2017)
* Rêveries ou Vérités (I 2018)
* Couleurs de l'Infini (II 2018)
* Exquis Salmigondis (V 2018)
* Lettres Simples de l'être simple (VI 2018)
* A l'encre d'Or sur la Nuit (X 2018)
* A la Mer, à la Vie (XI 2018)
* Le Cœur en filigrane (XII 2018)
* Le Silence des Mots (III 2019)
* La Musique Mot à Mot (IV 2019)
* Les 5 éléments (V 2019)
* Univers et Poésies (VIII 2019)
* Les Petits Mots (X 2019)
* Au Jardin des Couleurs (XI 2019)
* 2020 (XII 2019)
* Nous... Les Autres (X 2020)

Dans la poussière de mes pensées

Les étoiles se sont éveillées,

Et une à une se sont allumées

Pour que mon rêve soit réalité...

A l'ombre

Des grands chênes
Où dorment les fontaines
Le clapotis de mes veines
Murmurera "je t'aime"...

A l'ombre

De ce bonheur
Lavé par ta douceur
Ma main sur ton cœur
Caressera les heures...

A l'ombre

De Ton corps
Où mon corps s'endort
Respirera encore
La Vie de ce trésor...

Douce mélancolie
Tu coules sous la pluie,
Murmurant la douceur
De la buée dans mon cœur.
L'oisiveté de cette heure
S'évapore sans heurt,
La force a disparu
De mon âme si nue,
Et ma vie s'exténue

Je vais
Sur la pointe des pieds
Traverser
Les déserts glacés
Les banquises ensablées
Les forêts

Je viens
Du bout des doigts
Dessiner la joie
Danser dans l'émoi
Pourquoi pas ?

Je suis
En train de créer
Une forme de réalité,
Une douce sérénité
De ces mots imaginés,
De mes sages pensées
Où tu es...

La Vie

est comme un miroir,

Et on ne voit jamais son dos

Face à un miroir...

LA PORTE DES REVES

A la porte des rêves
Mon esprit attend.
Il attend que se lève
La brume des temps
Sur le lac docile
Où de grands cygnes blancs
Si gracieusement
De leurs ailes, oscillent...

A la porte des rêves
La réalité achève
Les bruits qui soulèvent
Les mots de son glaive.

.../...

.../...

La lumière dégouline
Sous la porte close
Et mes mains se posent
Parcourent et soulignent
Les lignes du bois.
Je ferme les yeux
Le temps n'est plus là...
Tu deviens ce rêve merveilleux...

Demain est beau

Insaisissable
dans l'immédiat

Déjà présent
quand on y croit...

J'AIME...

J'aime quand tu penses à moi
Dans cet instant subtil
D'oisiveté tranquille,
Tu crois entendre ma voix
Quelques rires parfois,
Et tu soupires déjà...

J'aime quand tu imagines
Mon adoration mutine,
Ton silence qui mime
La douceur de l'abîme,
La couleur de l'infime
Temps qui s'élimine...

.../...

…/…

J'aime quand tu penses encore
A ce sommeil sur mon corps,
Au bruit du satin sur nos rêves
Glissant dans le matin qui se lève…
Je ne suis qu'une pensée,
Libre dans tes pensées adorées…

Mes mains viennent frapper
Cette porte fermée
Et le silence répond
A mon poing qui se fait rond...

Et pourtant un mot, un seul,
Invisible et sincère, suffit
Pour que ton cœur veuille
Ouvrir la porte de ta vie...

CONJUGAISON DU VERBE

CRIER

J'écris

Tu décris

Elle crinoline

Nous criodions

Vous cristallisez

Ils récriminent

ECRIRE...

J'ai griffonné
Sur des bouts d'univers,
Des paysages verts,
Des phrases et des vers
De désirs, de mystères...

J'ai gribouillé
Sur des bouts de partout
Sur les bosses, dans les trous,
Sur les bulles, les étoiles
Sur le tulle, et les toiles

J'ai composé
Des mots sur des mirages,
Sur des routes sauvages,
Sur cette rime si sage
A la douceur de ton visage

.../...

…/…

J'ai écrit
Aux crayons de couleurs
Sur les rayons du bonheur
Des mots doux pour ton cœur
Et ton esprit charmeur…

J'aimerais être dans le ciel de cette nuit

Où tu cherches le sommeil

En comptant les étoiles...

... alors je deviendrais étoile filante

Pour t'émerveiller...

50 NUANCES DE GRIS

Il arrive...
Le ciel s'assombrit, furieux...
De camaïeux de bleus
En nuances de gris
Il attire la nuit...
La nature est immobile
Et le silence des oiseaux
Inquiète cet instant fragile,
Suspendant le tendre morceau
D'une mélodie avouée
Dans le gris bleuté...

Il arrive...
Il gronde et roule
Les nuages en boule.
Le ciel ronronne
Et ses éclairs étonnent
Transperçant l'air lourd
Telle une flèche d'amour...

                                          .../...

.../...

Il arrive...
Tout en nuances
Que le vent balance
Chantant cet air
Entre les volets clairs,
Balayant cette pluie
Avec nos soucis...
J'imagine et souris :
Oui, l'orage est parti
Et je pose mes pieds nus
Dans l'herbe menue...

Il est parti... Je ris !
Dans ma main, un gri-gri
En nuances de gris
Comme une poésie...

Ce qui est amusant

En Demain,

C'est que l'on ne connaisse

Encore aucun

De ses souvenirs !...

... RENONCER...

Tu renonces
Aux contes de fées
Aux vérités bafouillées
Aux parfaits satisfaits

Tu renonces
A refuser de choisir
A devenir un souvenir
A écrire l'avenir

Tu renonces
Pour croire à l'impossible,
Espérer l'imprévisible
Et Vivre l'irrésistible...

Sur la toile de la Vie

Tu imagines un récit

Sur l'étoile de la nuit

Tu files sans bruit

Sur la soie de l'interdit

Tu t'endors aussi…

GYMNASTE

Elle a ce geste
Elégant et leste
Pour étirer ses bras
Des épaules jusqu'aux doigts

Ses jambes se tendent
Se plient pour prendre
L'énergie pour bondir
Plus haut sans souffrir

Elle tourne encore
Se cambre plus fort
Sans signe de douleur
Sans trace de pleur

.../...

…/…

Ses mouvements dynamiques
Dans les barres asymétriques
Virevoltent et s'envolent,
L'acrobatie est folle

Chaque point est précis
En lâché ou saisie,
Tout s'enchaîne et se lie
Dans un blanc « magnésie »

Elle a ce geste
Elégante pirouette
Pour se poser en douceur
Sur le tapis, dans le bonheur…

Etre Présent,
C'est être là,
Dans ta Vie,
A l'endroit unique,
A l'instant précis,
Où tu penses à moi...

CHER TOI

Cher TOI...

Je t'écris d'une Vie
Où il pleut parfois,
Où les larmes du ciel
Sont d'azur et de miel,
Quand la solitude luit
Dans l'écho de ma voix...

Cher TOI

Je t'écris d'un pays
Loin de tout, loin d'ici,
Un pays sans frontière
Nu sous la lumière,
Où les mots sont ce Tout
Cette Vie par-dessus tout

.../...

…/…

Cher TOI

Je t'écris de ce jour
Où le temps est Amour,
Et la nuit de silence
Est cet ange qui danse
C'est à toi que je pense
Cher Tout, cher Toi,
Cette vérité de mon existence...

J'aime ce que tu penses

Quand ton âme se balance

Entre cet instant de chance

Et l'amour qui danse….

C'EST...

C'est
Un jardin de givre
Comme des mots étoilés
Où tu seras libre
De les ensoleiller

C'est
Un parfum qui enivre
Comme une soul chaloupée
Où les mots de ce livre
Sauront te charmer

C'est
Une main dans le vent
Au bout d'un mouchoir blanc
Pour te dire je t'attends
Maintenant et dans mille ans

Le sommeil s'est caché

Tendrement sous mon oreiller

Et ses silences étoilés

Dans ses rêves m'ont emmenée...

Danser ?
Viens danser
Sur ma vie,
Sur le vent,
Sur le temps
Qui dévie...
Viens marcher
Sur les rails
Où qu'ils aillent,
Sur la pointe des pieds,
Sous l'arche des nuées...
Viens rêver
Dans ce bleu délavé
Et tout adoucir
Dans le silence d'un sourire
Prolonger ce soupir
Danser dans mon avenir...

Demain n'est pas,
Demain sera.

Hier était,
Comme un jour d'été.

Aujourd'hui est un jour
Où tu es là pour toujours...

LE SON DES MOTS

Je suis tombée entre deux pages
Deux pages sages
Sans orages,
Deux paysages
Sur ton passage
Et ton doux visage,
Sans âge,
Quel présage...

Je suis tombée entre deux mots
Deux mots
Sans maux
Collés à ma peau
Dans le dos,
Si frais, si beaux
Dans l'été chaud
Balbutiant à demi-mots...

.../...

.../...

Je suis tombée de haut
De tout là-haut
Entre un recto et un verso
De la cascade d'un ruisseau
Et mon silence à coup de mots
Chante comme un roseau...
Ecoute le son des mots
C'est si beau !....

Les mots du silence

Sont les mots des anges

Et j'en connais de sages

Qui sont de purs présages

COMME UN MOT

La nuit allait tomber
Sur cet hiver glacé
J'étais lasse et lassée
Comme un mot inachevé

Je me suis jetée
Sur le lit si douillet
Enserrant l'oreiller
Comme un mot retrouvé

Et les yeux fermés
Une vague respirait
Dans mon corps transi
Comme un mot saisi...

.../...

.../...

La nuit était tombée
Parsemant mon oreiller
De petits mots étoilés
Et le sommeil m'a trouvé...

Sur la toile de la Vie

Tu imagines un récit

Sur l'étoile de la nuit

Tu files sans bruit

Sur la soie de l'interdit

Tu t'endors aussi…

Pendant que tu lisais
Je m'allongeais sous ton regard

Pendant que tu parlais
J'écoutais le son de ta voix

Pendant que tu marchais
J'étais l'ombre douce de ton pas

Pendant que tu pensais
J'étais le calme de ces mots libérés...

ECRIRE TON LIVRE

J'aime cette audace
Qui signe sa dédicace
Avec force en préface
Et jamais ne s'efface

J'aime le zénith
De ces mots qui gravitent
Et que ton âme récite
Lorsque tu médites

J'aime le déclin
Des lueurs de satin
Ces couleurs dans ta main
Sur le livre de Demain...

L'Amour

Est autant

Une Maladie

Qu'un Remède...

J'ai plongé
Dans la nuit blanche
Pour que s'y épanchent
Des mots enchantés

J'ai nagé
Dans tes rêves bleus
Dans l'onde de tes yeux
Et m'y suis noyée

Je me suis allongée
Contemplant essoufflée
Ce monde en couleurs
Tout autour de cet ailleurs

.../...

.../...

J'ai écrit noir sur blanc
Tous ces mots qui osent
Peindre la vie en rose
Dans la douceur de mon océan

Apprends à accepter le passé

Tu aimeras le présent

Apprends à savourer le présent

Tu sublimeras le futur

FAIS DANSER...

Fais danser ma vie
Ébahie, éblouie,
Accrochée à ton cou,
De ses doigts qui se nouent...

Fais danser la peur
Farouche douleur
Et sur la pointe des pieds
Ira à pas chassés

Fais danser mon cœur
Au rythme de ton bonheur
Au soleil ou sous la pluie
Ton rire m'étourdit

.../...

…/…

Fait danser ma vie
De tes mots inouïs
Et dans le creux de tes bras
Notre amour dansera…

TU N'ES PLUS LA...

J'ai ouvert la porte
Mais tu n'es pas là,
L'ennui m'apporte
Le son de tes pas,
Je crois même voir
Ton ombre près de moi
Et parfois le soir
Ton souffle semble là...

Où es-tu ?... Je pleure
Dans ces jours sans heure.
Où es-tu ?... La douleur
Lacère mon cœur...

J'ai regardé à nouveau
Ces quelques photos,
Et puis j'ai marché
Dans les allées
Qu'on prenait d'habitude
En toute quiétude ;

.../...

…/…

J'ai croisé la solitude,
La tristesse, la certitude…

Il va falloir du temps
Pour laver doucement
Ce blanc que j'aimais tant
Le gris de cet instant
Le noir d'un vide si grand…
La vie manque de temps.

Il me manque ta voix,
Ta chaleur contre moi.
Combien de fois encore
Je rirai de nos jeux
De ces mots dans tes yeux,
Ceux qui rendent heureux…

…/…

…/…

Je garde les souvenirs
Tout au creux de mes mains
Laisse-moi te sourire
Encore demain matin…

En mille éclats de fleurs
Les arbres explosent,

En mille pétales de bonheur
Mon âme atteint l'apothéose,

En un battement de cœur
Ma vie est enfin éclose...

Sans trop y croire
Sans trop savoir
On fait un vœu un soir
Pour que scintille l'espoir

Sans trop en faire
Sans trop se taire
On regarde derrière
Et c'est la vie à l'envers

Sans trop le dire
Sans trop l'enfouir
On aime se souvenir
Et on fond en sourires...

POUR QUE LA LUMIERE ENTRE…

Si la vie avait une fissure cruelle
Comme un printemps sans hirondelle,
Un miroir tout à coup flou,
Ou un mustang devenant fou,

Si les mirages n'étaient plus sages
Et les océans sans rivage,
Si mon cœur était brisé,
Disloqué, broyé, déchiré,

Si tes mains près de mes mains
Se joignaient pour des lendemains,
Ensemble elles écriraient enfin
Des mots, des histoires sans fin,

…/…

.../...

Tu serais l'unique lueur
Que mes yeux fixeraient toujours...
Viens dans ma vie comme un bonheur
Comme une lumière d'amour...

AU-DELA DU REEL

Un matin j'ai cru voir
Devant moi, dans le miroir
Un regard plein d'espoir
Que je voudrais tant revoir...

J'ai marché dans la nuit
Aveuglement près de lui,
Les reflets de la pluie
Brillaient sur l'insomnie...

J'ai couru dans le vent,
Traversé les océans,
Les déserts de sable blanc,
Dans le balancement du temps...

.../...

…/…

Un jour dans le miroir
Nous avons cru nous apercevoir,
Un seul de nous peut s'y voir
C'est en ton regard que je veux croire…

LA SOIE DU COEUR

Dans la forêt de mots
J'ai marché en silence
Pour ne pas qu'elle pense
Que je suis un oiseau

Dans l'océan du temps
Je veux rester l'étoile
Pour que de temps en temps
Tu regardes le ciel

Dans le livre du bonheur
Tu me manques, douce saveur,
Et c'est main sur le cœur
Que je te sais vivant à l'intérieur…

Si tu oublies d'où tu viens

Si tu ignores où tu vas

Si tu ne sais plus où tu es

Alors marche

Pieds-nus...

SUPERPOSE

J'ai posé
Au bord de la rivière
Un bouquet de bruyère
Puis ai gravé sur une pierre
La date d'hier

J'ai supposé
Qu'il existe des mots faciles,
Doux et doubles pour les idylles,
Silencieux et immobiles
Jusqu'au battement de cils

J'ai déposé
La solitude d'un ange
Que j'appelle et dérange,
Dans un berceau de louanges,
Pour que nos rêves se mélangent

.../...

…/…

J'ai juxtaposé
Opposé, interposé, exposé,
Mais le bonheur s'est imposé,
Là où l'amour s'est posé…

OUVRIR... OU PAS...

J'ai trouvé une lettre
Qu'il me semble reconnaître :
Elle a traversé les années
Surgissant du passé,
Et s'est posée sur la table
Dans un silence honorable.

Dois-je l'ouvrir
Et peut-être la lire,
Ou la laisser dormir
Comme pour retenir
Ses mots dans le secret
De son joli papier...

Je ne respire plus
Ma raison s'est perdue.
Faut-il croire disparus
Les rêves involus,
Les arabesques sages
Des lettres sur cette page ?

.../...

…/…

Ou faut-il espérer
Que les mots sont encrés,
Tatoués dans cet aveu
Par un cœur heureux ?
Je ne réponds à rien :
Le néant me retient…

Je la prends contre moi
La repose du bout des doigts
Et puis je me décide, voilà !
Non, je ne la déchire pas,
Mon cœur ne voudrait pas…
Un jour je l'ouvrirai… ou pas…

Si l'Esprit

a besoin

d'un immense espace

Celui de tes bras

suffit à

mon cœur...

JE VOUDRAIS T'ECRIRE...

Je voudrais t'écrire
Mais les mots ne veulent venir,
Ils se cachent dans l'avenir
Comme un doux désir,
Celui qui fait sourire,
Et tendrement faiblir.

Ils se déguisent en souvenirs,
Ceux qui blessent en soupir
Jusqu'à s'évanouir,
Juste pour te retenir.

Les mots se font navires
Quand la mer chavire
Le zénith et le nadir,
Quand l'orage vient mugir
Sur les lettres qui expirent....

.../...

.../...

Je voudrais t'écrire
Ces mots que je ne peux dire
Avec amour, te les offrir
Avec passion, te laisser les lire...

Aussi infime et minuscule
soit la Vie en son début,

Aussi forte et belle deviendra-t-elle,

pourvu qu'elle soit nourrie

d'espoir,
de vérité,
et
d'amour

MALADIE

Un jour, cette maladie
A croisé mon chemin,
Depuis, de cette survie,
Tu es le gardien.

C'est un jour inoubliable,
Si doux et si violent,
Inévitable, incroyable...
Silencieusement
J'ai glissé dans ce monde
Où les jours se fondent,
Fleurissant de sourires
Se posant sur l'avenir,
Où des nuits s'étalent
Sous la pâleur de la lune
Pour allumer l'étoile
De tes rêves de plume...

.../...

…/…

Je ne veux pas guérir
De cette maladie
Mais vivre de cet élixir,
De cet amour… mon paradis…

PAS A PAS VERS TOI

Je vais vers toi
Pas à pas
Même si j'ai le vertige
Mon esprit voltige
Limpide et clair
De plume et de fer,
Il vole, tombe, rebondit
Sous le ciel gris,
Dans l'orage éclatant
De mille éclairs ardents.
Le silence est stupeur,
Pas de cris, pas de peur,
Pas à pas
Je marche vers toi.

J'imagine la pluie,
Les feuilles qui rient,
Le chant des oiseaux
Sautillant dans l'eau ;

        …/…

…/…

Alors les pieds nus
Je marche sans retenue
Libre et légère,
Calme petite poussière
Vers ta lumière
Dans la douceur de l'air…
La vie est là
Marchant pas à pas,
Marchant près de moi,
Vers toi.

LA FORCE

C'est attendre sans bouger
Que le soleil veuille se lever,
Dessiner sur l'horizon
De l'index, ton nom.

Elle est cette détermination
A dire un vrai, un simple non
A planter dans le regard
Le respect et les égards

C'est imaginer un jardin
Suspendu dans le dessein
Où pousserait la douceur
De mots en couleur

.../...

.../...

C'est se tenir droit
Dans le silence froid
Et de laisser couler
Une larme belle et sensée

La force est tranquillité,
Sagesse, humilité,
Elle est ce rire
Quand le courage vient lui sourire...

Le son blême de l'ennui

S'étire à l'infini

Sur le paysage de l'oubli...

PEU M'IMPORTE...

Peu m'importe
De perdre le sommeil
Si le velours du ciel
Epouse mes rêveries

Peu m'importe
De perdre la partie,
Au jeu de la déraison
La fuite a sa raison

Peu m'importe
De perdre l'équilibre
Pourvu que soit libre
Chaque mot t'écrivant

.../...

…/…

Peu m'importe
De perdre du temps
Pourvu que tu sois là
L'amour le comblera…

Dans le silence radieux

La délicieuse solitude est interrompue

Par les mots imprévus

Que j'ai rêvé de lire dans tes yeux...

SOLITUDINE

Je me suis assise là
Dans le silence absolu
De la vérité nue
En pensant à toi

L'instant est mystérieux
Ondulant, délicieux,
Et même l'invisible
Devient irrésistible

Les mots s'évanouissent
Glissant dans le délice
D'un irréel lointain
Sans peur et sans besoin

.../...

…/…

Seule dans cet abandon
Le temps ne passe plus
Cherchant dans le pardon
Quelques mots inconnus

La solitude me berce
Tout en délicatesse
S'enroulant dans le vent
Du néant soupirant

Je la croyais perdue
Dans un immense désert
Mais elle est suspendue
Légère dans l'air clair

Sa farouche douceur
Apprivoise la raison
Mais esquive mon cœur
Où l'amour est si profond…

Le sourire de la Patience

Est

La confidence du Silence…